SUONO ANCH'IO

LA TASTIERA

Metodo facilissimo per il principiante

RICORDI

Copyright © 2009 Universal Music MGB Publications srl
via Liguria, 4 - fraz. Sesto Ulteriano
20098 San Giuliano Milanese (MI)

Tutti i diritti riservati - All rights reserved
Stampato in Italia - Printed in Italy

MLR 799
ISMN 979-0-2151-0799-1

Con CD audio allegato

...INDICE
indice...

- **4** ⇒ Descrizione ...
- **5** ⇒ Posizione ...
- **7** ⇒ Esercizi di preparazione (a mani separate) ...
- **11** ⇒ I PARTE: Lettura degli accordi ...
- **21** ⇒ II PARTE: L'accompagnamento a due mani ...
- **29** ⇒ III PARTE: Le note alterate ...
- **33** ⇒ IV PARTE: Movimenti del basso ...

Suono anch'io

DESCRIZIONE
descrizione

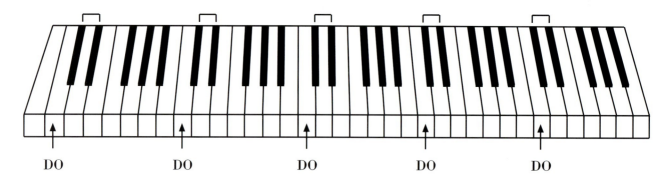

Si osservi che, sulla tastiera, il tasto corrispondente alla nota **DO** è quello posto subito prima al gruppo dei due tasti neri.

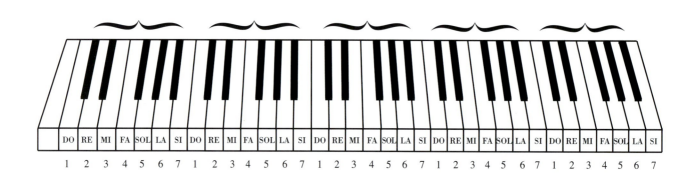

La successione delle note sui tasti: **DO - RE - MI - FA - SOL - LA - SI** si ripete uguale a gruppi di sette.

Suono anch'io

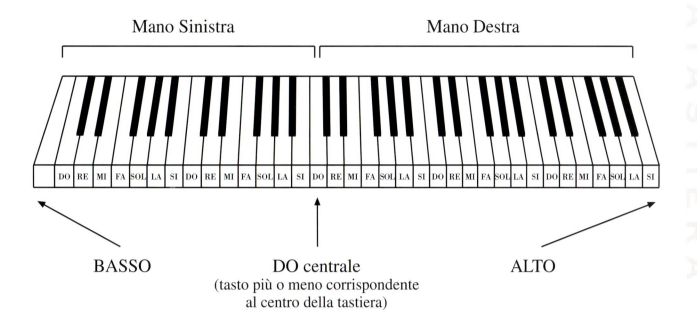

La tastiera è idealmente divisibile in due parti:

1) A partire dal **DO** centrale verso le note alte (per la mano destra)
2) A partire dal **DO** centrale verso le note basse (per la mano sinistra)

POSIZIONE
posizione

Le dita devono appoggiarsi ai tasti con posizione ricurva.

È la punta del dito che preme il tasto e non la falange (tenere corte le unghie).

Le braccia non devono essere aderenti al corpo ma nemmeno troppo distanti, dovendo godere di libertà di movimento.

I gomiti devono essere all'altezza della tastiera (se ne tenga conto nella scelta della sedia o del seggiolino).

Polsi e braccia sempre rilassati.

Suono anch'io

Suggerimenti

- Durante lo studio, riposare mani e braccia ai primi sintomi di irrigidimento.

- Come proposto nel metodo, studiare a mani separate: prima la destra poi la sinistra.

- La stessa regola si osservi negli esercizi a mani congiunte.

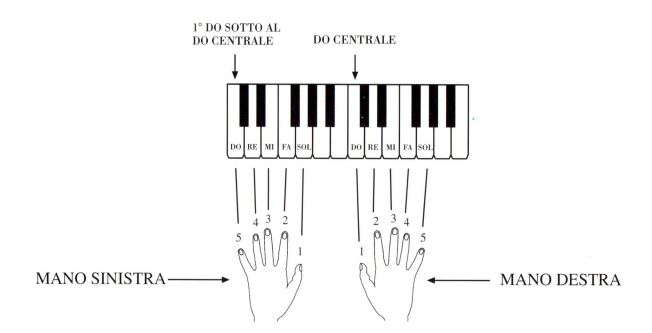

Si osservi alla pagina precedente la posizione delle mani sulla tastiera: le dita sono posizionate sulle stesse note ma su tasti diversi (a un'ottava di distanza).

ESERCIZI DI PREPARAZIONE
(a mani separate)

 1) **MANO DESTRA**

A partire dalla nota **DO** centrale (1° dito/pollice della mano destra), si suonino in successione tutte le note un tasto alla volta, fino al **SOL** (5° dito) e una volta raggiunto, dopo una breve pausa, lo si ribatta (premere ancora) per discendere, un tasto alla volta fino al **DO** centrale (di partenza).
Ripetere più volte:

Nota:	**DO**	**RE**	**MI**	**FA**	**SOL**	BREVE PAUSA	**SOL**	**FA**	**MI**	**RE**	**DO**	BREVE PAUSA	**DO**	**RE**	
	↓	↓	↓	↓	↓		↓	↓	↓	↓	↓		↓	↓	*ecc.*
Dito:	1	2	3	4	5		5	4	3	2	1		1	2	

 2) **MANO SINISTRA**

Con lo stesso criterio, si esegua l'esercizio con l'altra mano (5° dito/mignolo mano sinistra).

Nota:	**DO**	**RE**	**MI**	**FA**	**SOL**	BREVE PAUSA	**SOL**	**FA**	**MI**	**RE**	**DO**	BREVE PAUSA	**DO**	**RE**	
	↓	↓	↓	↓	↓		↓	↓	↓	↓	↓		↓	↓	*ecc.*
Dito:	5	4	3	2	1		1	2	3	4	5		5	4	

Una volta superato il primo naturale impaccio nei movimenti, si rieseguano i due esercizi prestando molta attenzione al movimento di successione dei tasti: quando un dito sale l'altro deve premere, senza interruzioni fra una nota e l'altra.

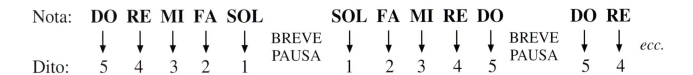

Suono anch'io

Riferendoci agli esercizi 1 e 2, si rieseguano ora gli stessi con un "tempo" regolare e costante.
Si pensi al *TIC, TAC* di una sveglia: *TIC, TAC, TIC, TAC, TIC, TAC… ecc.*
Il "tempo" con cui i *TIC, TAC* verranno scanditi, lo decideremo noi.
Potrà essere lento o veloce, ma quando lo avremo stabilito dovrà essere lo stesso per tutta l'esecuzione dell'esercizio.
Si immagini dapprima una sveglia che batte il *TIC, TAC* molto lentamente, aiutandoci nella scansione dei battiti con il piede (battere per terra).
Ad ogni movimento del piede (che batte sul pavimento i *TIC, TAC*), si facciano corrispondere uno per uno i movimenti delle dita sulla tastiera studiati (senza fermarci sulle note d'arrivo):

 3) **MANO DESTRA**

Nota:	**DO**	**RE**	**MI**	**FA**	**SOL**	**FA**	**MI**	**RE**	**DO**	**RE**	**MI**	**FA**	**SOL**	**FA**	**MI**	*ecc.*
	↓	↓	↓	↓	↓	↓	↓	↓	↓	↓	↓	↓	↓	↓	↓	
Dito:	1	2	3	4	5	4	3	2	1	2	3	4	5	4	3	*ecc.*
	TIC	*TAC*	*TIC*	*TAC*	*TIC*	*TAC*	*TIC*	*TAC*	*TIC*	*TAC*	*TIC*	*TAC*	*TIC*	*TAC*	*TIC*	

 4) **MANO SINISTRA**

Nota:	**DO**	**RE**	**MI**	**FA**	**SOL**	**FA**	**MI**	**RE**	**DO**	**RE**	**MI**	**FA**	**SOL**	**FA**	**MI**	*ecc.*
	↓	↓	↓	↓	↓	↓	↓	↓	↓	↓	↓	↓	↓	↓	↓	
Dito:	5	4	3	2	1	2	3	4	5	4	3	2	1	2	3	*ecc.*
	TIC	*TAC*	*TIC*	*TAC*	*TIC*	*TAC*	*TIC*	*TAC*	*TIC*	*TAC*	*TIC*	*TAC*	*TIC*	*TAC*	*TIC*	

> Ripetere più volte fino al raggiungimento di una certa sicurezza nei movimenti (a mani separate), poi procedere (tempo sempre lento).

Suono anch'io

Con lo stesso criterio, eseguire gli esercizi di seguito proposti:

TEMPO LENTO (mani separate)

  5) **MANO DESTRA** (ascendendo)

Nota:	DO	RE	DO	RE	RE	MI	RE	MI	MI	FA	MI	FA	FA	SOL	FA	SOL
	↓	↓	↓	↓	↓	↓	↓	↓	↓	↓	↓	↓	↓	↓	↓	↓
Dito:	1	2	1	2	2	3	2	3	3	4	3	4	4	5	4	5
	TIC	TAC	TIC	TAC	TIC	TAC	TIC	TAC	TIC	TAC	TIC	TAC	TIC	TAC	TIC	TAC

RIPOSO (e segue)

MANO DESTRA (discendendo)

Nota:	SOL	FA	SOL	FA	FA	MI	FA	MI	MI	RE	MI	RE	RE	DO	RE	DO
	↓	↓	↓	↓	↓	↓	↓	↓	↓	↓	↓	↓	↓	↓	↓	↓
Dito:	5	4	5	4	4	3	4	3	3	2	3	2	2	1	2	1
	TIC	TAC	TIC	TAC	TIC	TAC	TIC	TAC	TIC	TAC	TIC	TAC	TIC	TAC	TIC	TAC

RIPOSO (e ripete DA CAPO)

  6) **MANO SINISTRA** (ascendendo)

Nota:	DO	RE	DO	RE	RE	MI	RE	MI	MI	FA	MI	FA	FA	SOL	FA	SOL
	↓	↓	↓	↓	↓	↓	↓	↓	↓	↓	↓	↓	↓	↓	↓	↓
Dito:	5	4	5	4	4	3	4	3	3	2	3	2	2	1	2	1
	TIC	TAC	TIC	TAC	TIC	TAC	TIC	TAC	TIC	TAC	TIC	TAC	TIC	TAC	TIC	TAC

RIPOSO (e segue)

MANO SINISTRA (discendendo)

Nota:	SOL	FA	SOL	FA	FA	MI	FA	MI	MI	RE	MI	RE	RE	DO	RE	DO
	↓	↓	↓	↓	↓	↓	↓	↓	↓	↓	↓	↓	↓	↓	↓	↓
Dito:	1	2	1	2	2	3	2	3	3	4	3	4	4	5	4	5
	TIC	TAC	TIC	TAC	TIC	TAC	TIC	TAC	TIC	TAC	TIC	TAC	TIC	TAC	TIC	TAC

RIPOSO (e ripete DA CAPO)

Suono anch'io

 7) MANO DESTRA

Nota:	DO	MI	RE	FA	MI	SOL	BREVE PAUSA	SOL	MI	FA	RE	MI	DO	BREVE PAUSA (e ripete DA CAPO)
	↓	↓	↓	↓	↓	↓		↓	↓	↓	↓	↓	↓	
Dito:	1	3	2	4	3	3		5	3	4	2	3	1	
	TIC	TAC	TIC	TAC	TIC	TAC		TIC	TAC	TIC	TAC	TIC	TAC	

8) MANO SINISTRA

Nota:	DO	MI	RE	FA	MI	SOL	BREVE PAUSA	SOL	MI	FA	RE	MI	DO	BREVE PAUSA (e ripete DA CAPO)
	↓	↓	↓	↓	↓	↓		↓	↓	↓	↓	↓	↓	
Dito:	5	3	4	2	3	1		1	3	2	4	3	5	
	TIC	TAC	TIC	TAC	TIC	TAC		TIC	TAC	TIC	TAC	TIC	TAC	

> Ripetere a mani separate gli esercizi preparatori, accelerando via via il tempo di esecuzione.
>
> Al raggiungimento di una certa padronanza dei movimenti delle dita, rieseguirli da capo a mani congiunte (suonare insieme la destra e la sinistra).
>
> Nello studio degli esercizi a mani congiunte eseguire dapprima molto lentamente, poi via via sempre più velocemente (senza esagerare).
>
>
> LENTO   PIÙ VELOCE

Alle tracce 9 e 10 l'ultimo esercizio viene proposto nelle due velocità: studiare con le due velocità anche gli esercizi precedenti.

I parte

LETTURA DEGLI ACCORDI

Nota

Un accordo è formato da più note che suonano insieme: l'accordo da suonare viene indicato da sigle che portano il nome delle note (in italiano) o da lettere dell'alfabeto (nella notazione internazionale):

italiano:	DO	RE	MI	FA	SOL	LA	SI
	↓	↓	↓	↓	↓	↓	↓
notazione internazionale:	C	D	E	F	G	A	B

I parte

In generale

Senza preoccuparci in questa sede delle spiegazioni relative alle regole armoniche, ci si limiti a comprendere che determinati tasti (nel nostro caso tre), se suonati insieme, producono un accordo.

Gli accordi possono essere **maggiori** o **minori**:

Es: Do maggiore;   Re minore;   Sol maggiore;   Si minore;   *ecc.*

I due generi di accordi (maggiore e minore) possono essere composti da più dei tre tasti (suoni) sopra menzionati.

In questo caso le note che devono suonare (oltre alle tre) vengono indicate con dei numeri o dei segni convenzionali posti subito dopo la sigla dell'accordo:

Es: Do maggiore 7;   Re maggiore 4;   Mi minore 7;   Do maggiore 6;   *ecc.*

A chi volesse approfondire le conoscenze armoniche, suggeriamo le pubblicazioni edite da Ricordi di R. Turcato: *Il primo metodo di teoria musicale* (MLR 429) e *Il primo metodo di armonia musicale* (MLR 431).

MLR 429

MLR 431

Ai fini del presente metodo non è comunque necessario conoscerli: potranno essere un utile e facile sussidio a chi deciderà di procedere nello studio amatoriale dello strumento e della musica in generale.

ACCORDI TONALI
Triade maggiore

L'accordo "Maggiore" può essere indicato con diverse grafie e qui di seguito ne indichiamo le più usuali:

- Con l'uso di una emme maiuscola dopo la sigla (Es: DoM; MiM; SiM; *ecc.*)

- Con l'uso della dizione "Mag" o "Maj" dopo la sigla (Es: DoMag; ReMaj; DoMaj; ReMag; *ecc.*)

- Con l'uso del segno "+" dopo la sigla (Es: Do+; Fa+; Sol+; *ecc.*)

- Senza indicare nulla dopo la sigla (Es: Do; Fa; Mi; *ecc.*)

> Prendiamo un accordo qualsiasi, ad esempio il Do. Le sigle che seguono, anche se diverse, indicano tutte lo stesso accordo.
>
> DO / Do+ / DoMag / DoMaj / DoM
>
> **quindi tutte queste sigle indicano l'accordo di Do Maggiore**

Ogni accordo tonale maggiore ha una certa posizione sulla tastiera che si costruisce partendo dalla nota che dà il nome all'accordo (tonica).
Un accordo di **Re** ha come prima nota il Re; un accordo di **Do** ha come prima nota il Do; un accordo di **Sol** ha come prima nota il Sol; e così via…

In questa parte del metodo lo studio delle posizioni degli accordi verrà proposto per la mano sinistra sull'ottava di tastiera sotto il Do centrale:

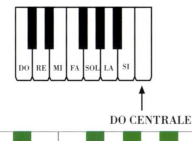

DO CENTRALE

I parte

Proviamo a suonare

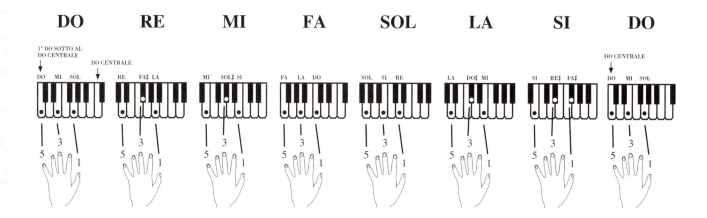

Ricordando ora quanto detto a proposito della sveglia che batte i *TIC, TAC*, si eseguano i seguenti esercizi.

Attenzione: in corrispondenza del cambio della sigla, dovremo cambiare la posizione dell'accordo.

TRACCIA 11

TRACCIA 12

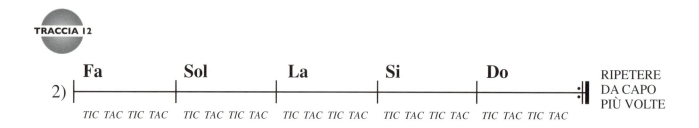

ACCORDI TONALI
Triade minore

Anche l'accordo "minore" può essere indicato con diversi segni posti dopo la sigla: **min**; **m** (emme minuscola); **–** (segno di meno).

DOm   **REm**   **MIm**   **FAm**   **SOLm**   **LAm**   **SIm**   **DOm**

Esercizi:

1) | **Dom** | **Rem** | **Mim** | **Fam** | **Solm** | RIPETERE DA CAPO PIÙ VOLTE |
TIC TAC TIC TAC   TIC TAC TIC TAC   TIC TAC TIC TAC   TIC TAC TIC TAC   TIC TAC TIC TAC

2) | **Fam** | **Solm** | **Lam** | **Sim** | **Dom** | RIPETERE DA CAPO PIÙ VOLTE |
TIC TAC TIC TAC   TIC TAC TIC TAC   TIC TAC TIC TAC   TIC TAC TIC TAC   TIC TAC TIC TAC

I parte

I RIVOLTI

Oltre all'accordo tonale, un accordo può essere costruito a partire dalle altre due note che lo compongono (le note sono sempre le stesse, ma disposte sulla tastiera in modo diverso). Scopriamo così che l'accordo può essere costruito in tre diversi modi: l'accordo tonale (che già conosciamo); l'accordo di 1° rivolto; l'accordo di 2° rivolto.

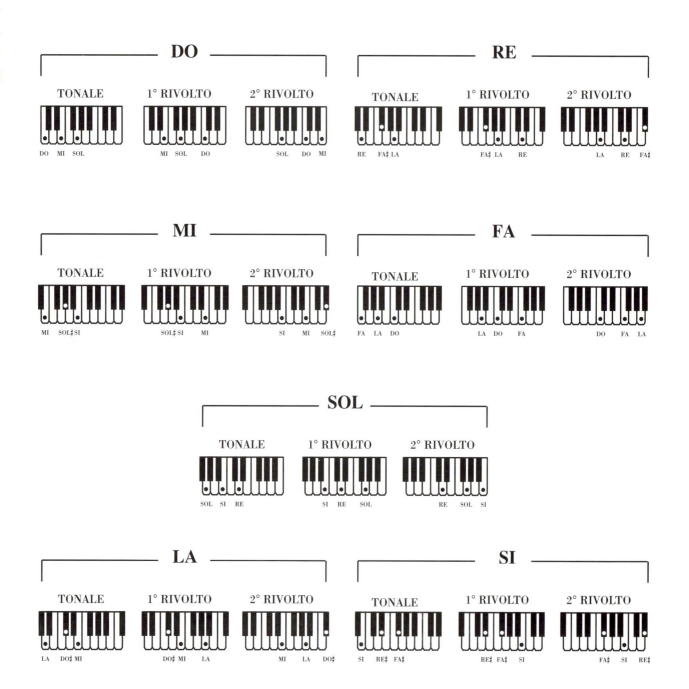

I parte

Si eseguono più volte i seguenti esercizi con calma, lentamente, anche a parti separate (riposando ogni tanto e sempre con la mano sinistra).

1) **Do** (tonale) | **Do** (1° rivolto) | **Do** (2° rivolto)
TIC TAC TIC TAC   TIC TAC TIC TAC   TIC TAC TIC TAC
RIPETERE DA CAPO PIÙ VOLTE

2) **Re** (tonale) | **Re** (1° rivolto) | **Re** (2° rivolto)
TIC TAC TIC TAC   TIC TAC TIC TAC   TIC TAC TIC TAC
RIPETERE DA CAPO PIÙ VOLTE

3) **Mi** (tonale) | **Mi** (1° rivolto) | **Mi** (2° rivolto)
TIC TAC TIC TAC   TIC TAC TIC TAC   TIC TAC TIC TAC
RIPETERE DA CAPO PIÙ VOLTE

4) **Fa** (tonale) | **Fa** (1° rivolto) | **Fa** (2° rivolto)
TIC TAC TIC TAC   TIC TAC TIC TAC   TIC TAC TIC TAC
RIPETERE DA CAPO PIÙ VOLTE

5) **Sol** (tonale) | **Sol** (1° rivolto) | **Sol** (2° rivolto)
TIC TAC TIC TAC   TIC TAC TIC TAC   TIC TAC TIC TAC
RIPETERE DA CAPO PIÙ VOLTE

6) **La** (tonale) | **La** (1° rivolto) | **La** (2° rivolto)
TIC TAC TIC TAC   TIC TAC TIC TAC   TIC TAC TIC TAC
RIPETERE DA CAPO PIÙ VOLTE

7) **Si** (tonale) | **Si** (1° rivolto) | **Si** (2° rivolto)
TIC TAC TIC TAC   TIC TAC TIC TAC   TIC TAC TIC TAC
RIPETERE DA CAPO PIÙ VOLTE

I parte

LA TASTIERA

I GIRI ARMONICI

L'uso dei rivolti è determinante nell'esecuzione musicale, potremo infatti passare da un accordo all'altro, evitando dispendiosi movimenti e "salti" della mano sulla tastiera.

Da questo momento lo studio si farà più divertente e stimolante, ma richiamiamo l'attenzione al solito suggerimento di eseguire gli esercizi proposti dapprima lentamente e poi via via, più velocemente.

Nei giri armonici incontreremo per la prima volta un accordo (di settima), che ha nella sua costruzione una nota che non fa parte della triade maggiore.

Senza preoccuparci delle regole armoniche, osserviamone (e studiamone) la posizione sulla tastiera.

Il giro armonico è composto da una serie di quattro accordi, suonati in successione: arrivati al quarto accordo, ci accorgeremo che lo stesso ci "porta" a ripetere il giro daccapo (musicalmente è un "giro" senza fine).

① ACCORDO MAGGIORE   ② RELATIVA MINORE   ③ IIª MINORE   ④ Vª SETTIMA

GIRO DI DO / RE / MI / FA / SOL / LA / SI

Esercizi:

 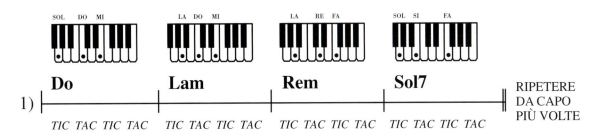

 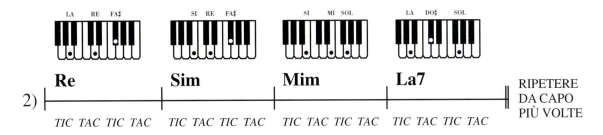

 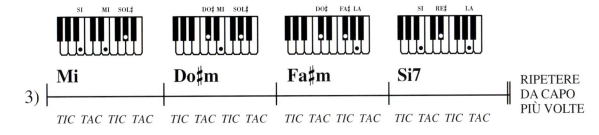

 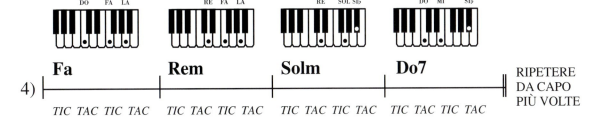

Fine I parte

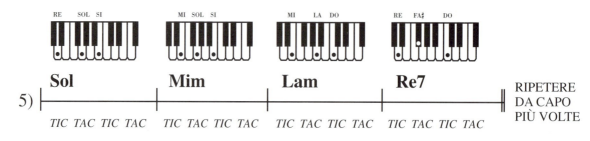

5) | **Sol** | **Mim** | **Lam** | **Re7** | RIPETERE DA CAPO PIÙ VOLTE
TIC TAC TIC TAC | TIC TAC TIC TAC | TIC TAC TIC TAC | TIC TAC TIC TAC

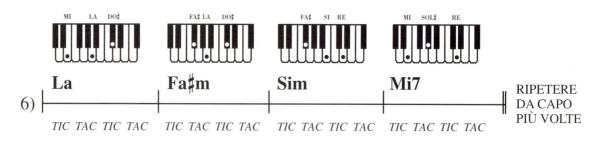

6) | **La** | **Fa♯m** | **Sim** | **Mi7** | RIPETERE DA CAPO PIÙ VOLTE
TIC TAC TIC TAC | TIC TAC TIC TAC | TIC TAC TIC TAC | TIC TAC TIC TAC

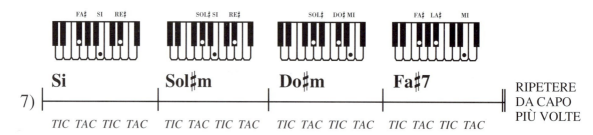

7) | **Si** | **Sol♯m** | **Do♯m** | **Fa♯7** | RIPETERE DA CAPO PIÙ VOLTE
TIC TAC TIC TAC | TIC TAC TIC TAC | TIC TAC TIC TAC | TIC TAC TIC TAC

Ripetere (e studiare) tutti gli esercizi relativi ai giri armonici, anche con la mano destra nell'ottava di tastiera sopra al DO centrale:

DO CENTRALE

(attenzione alla diteggiatura che ovviamente sarà diversa: vedi più avanti giri armonici a due mani).

II parte

L'ACCOMPAGNAMENTO A DUE MANI

Note

Abbiamo fin qui compreso che:

- Le sillabe: Do, Re, Mi, Fa, Sol, La, Si, possono essere usate per indicare il nome di una nota (un solo tasto), oppure un accordo maggiore (più tasti che suonano contemporaneamente).

- Un accordo tonale è composto da tre note che possono essere indifferentemente suonate con la mano destra o con la sinistra.

- L'accordo può essere costruito in modo diverso da quello tonale, con l'utilizzo dei rivolti.

- In questa seconda parte del metodo avremo modo di osservare (e studiare) che un accordo può essere costruito (e suonato) con l'utilizzo di entrambe le mani (contemporaneamente).

II parte

Mano sinistra

IL BASSO

Nei prossimi esercizi la mano sinistra esegua solo la prima nota di un accordo tonale (che abbiamo visto essere quella che dà il nome all'accordo).
Si tratta di una singola nota, che dovrà essere eseguita nella parte di tastiera sotto il DO centrale, con un unico dito:

Es.: negli accordi di Do 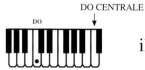 il basso è un Do

negli accordi di La 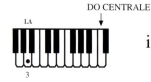 il basso è un La

negli accordi di Re 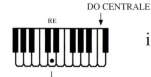 il basso è un Re

negli accordi di Sol 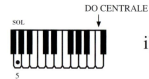 il basso è un Sol

> In un accordo tonale il "basso" suona sempre la tonica, che è la nota che dà il nome all'accordo (la prima della triade già studiata: nell'accordo di **DO** il Do; in quello di **RE** il Re; e così via).

II parte

GIRO DI BASSI SUI GIRI ARMONICI
(Mano sinistra)

Esercizi:

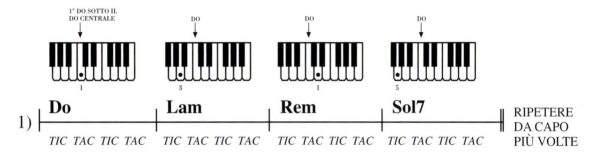

1) **Do** — **Lam** — **Rem** — **Sol7** — RIPETERE DA CAPO PIÙ VOLTE
TIC TAC TIC TAC   TIC TAC TIC TAC   TIC TAC TIC TAC   TIC TAC TIC TAC

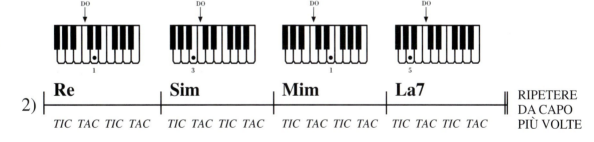

2) **Re** — **Sim** — **Mim** — **La7** — RIPETERE DA CAPO PIÙ VOLTE
TIC TAC TIC TAC   TIC TAC TIC TAC   TIC TAC TIC TAC   TIC TAC TIC TAC

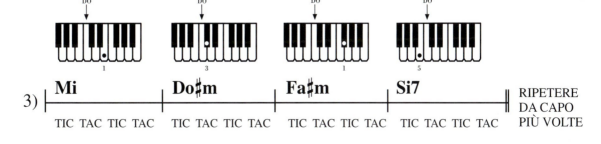

3) **Mi** — **Do#m** — **Fa#m** — **Si7** — RIPETERE DA CAPO PIÙ VOLTE
TIC TAC TIC TAC   TIC TAC TIC TAC   TIC TAC TIC TAC   TIC TAC TIC TAC

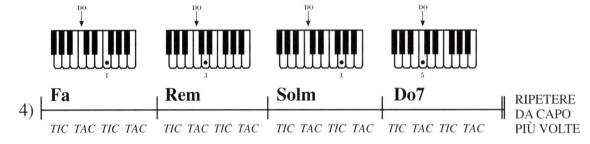

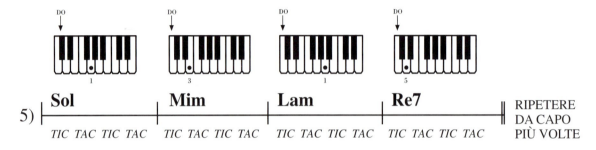

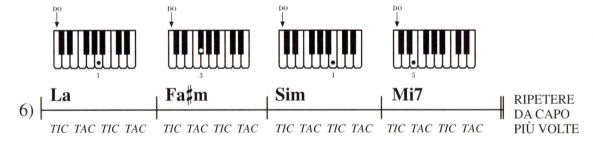

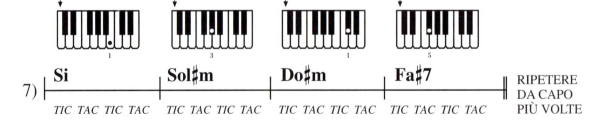

A mani congiunte

Ricordando gli esercizi già svolti, nel prossimo proposto qui di seguito la mano destra eseguirà in successione: l'accordo tonale, quello di 1° rivolto e per ultimo quello di 2° rivolto. La mano sinistra contemporaneamente eseguirà la tonica (sempre la stessa nota) per tutti e tre gli accordi:

ACCORDO DI DO E RIVOLTI

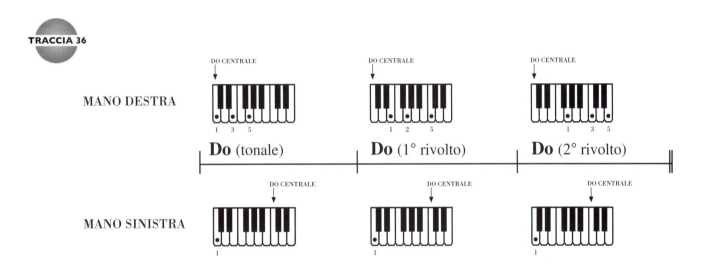

Ogni accordo facente parte dei giri armonici di seguito proposti, potrà essere eseguito anche in posizione di rivolto.

II parte

GIRI ARMONICI A DUE MANI
Uso del basso

Raccomandandoci di tenere a mente gli esercizi già svolti, proponiamo un esercizio in cui la mano destra eseguirà in successione gli accordi relativi al giro armonico nella parte di tastiera sopra il Do centrale. Contemporaneamente, la mano sinistra eseguirà il basso relativo ad ogni accordo.

1) GIRO DI DO

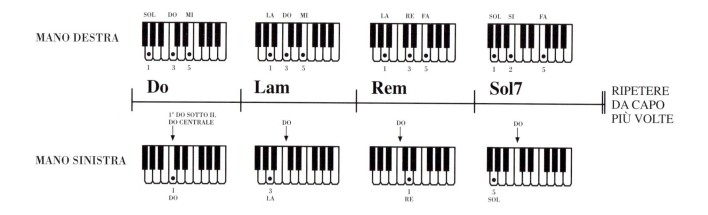

2) GIRO DI RE

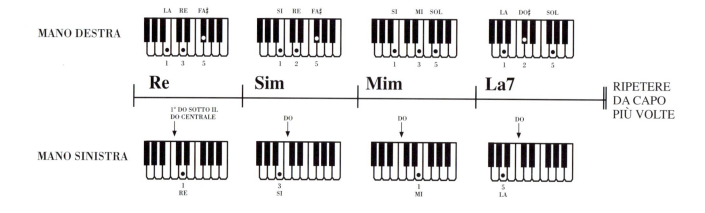

3) GIRO DI MI

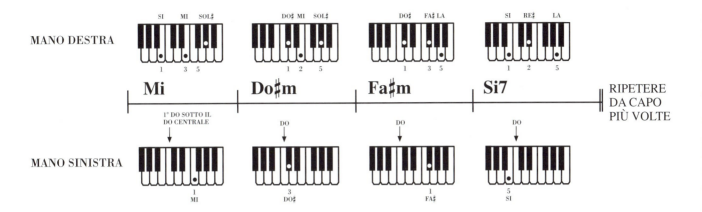

4) GIRO DI FA

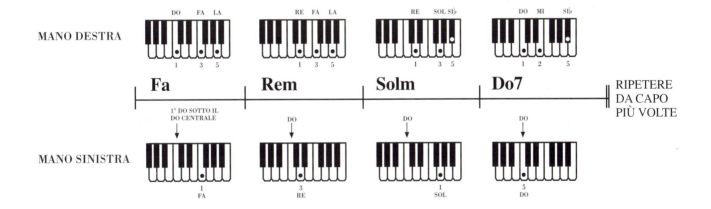

5) GIRO DI SOL

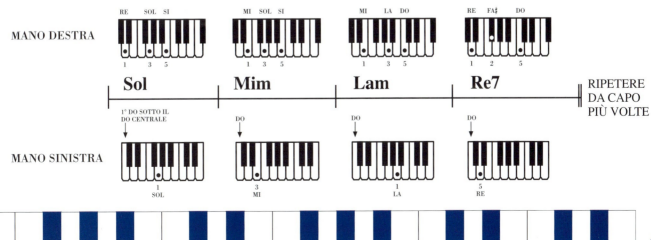

Fine II parte

6) GIRO DI LA

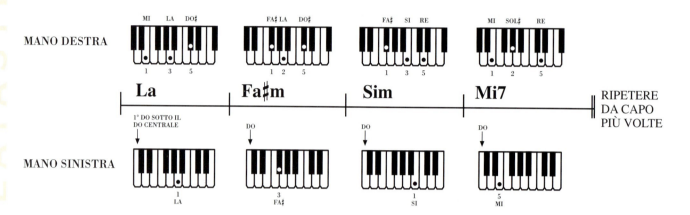

RIPETERE DA CAPO PIÙ VOLTE

7) GIRO DI SI

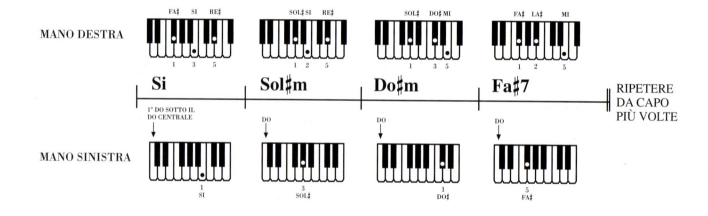

RIPETERE DA CAPO PIÙ VOLTE

III parte

LE NOTE ALTERATE

Suggerimenti

Abbiamo fin qui studiato le posizioni degli accordi a partire dai tasti bianchi della tastiera.
Per la "composizione" di questi accordi abbiamo però già osservato e sperimentato l'utilizzo di quelli neri (più piccoli).
Ancora una volta, senza preoccuparci delle regole armoniche, avremo modo di vedere che anche questi tasti possono essere considerati 1ª nota di un accordo tonale.
Ci si limiti ad osservare che le stesse note alterate possono essere chiamate in due diversi modi a seconda che si utilizzi il ♯ (diesis) o il ♭ (bemolle).

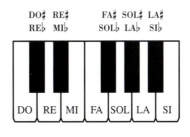

III parte

RIVOLTI A MANI CONGIUNTE

mani congiunte

Nel prossimo esercizio proposto qui di seguito la mano destra eseguirà in successione: l'accordo tonale, quello di 1° rivolto e per ultimo quello di 2° rivolto.
La mano sinistra contemporaneamente eseguirà la tonica (sempre la stessa nota) per tutti e tre gli accordi:

ACCORDO DI DO♯/RE♭ E RIVOLTI

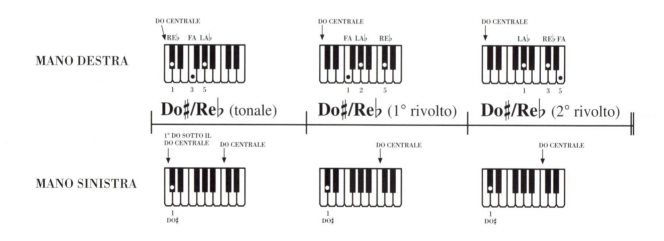

Ogni accordo facente parte dei giri armonici di seguito proposti potrà essere eseguito anche in posizione di rivolto.

GIRI ARMONICI DI NOTE ALTERATE

(viene usato, nella denominazione delle note, il bemolle)

GIRO DI DO♯/RE♭

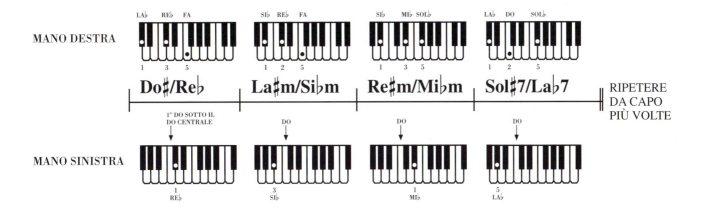

GIRO DI RE♯/MI♭

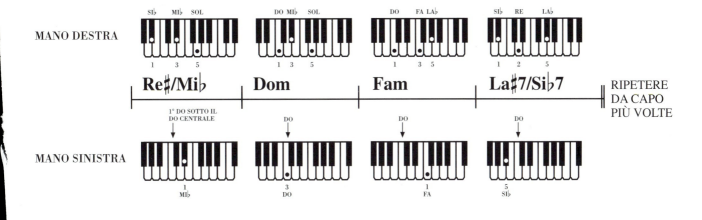

Fine III parte

GIRO DI FA♯/SOL♭

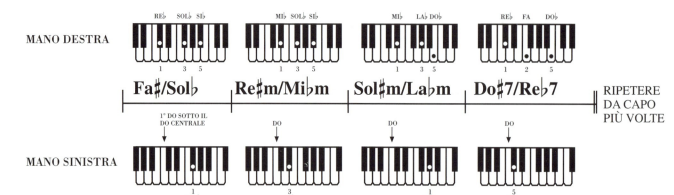

GIRO DI SOL♯/LA♭

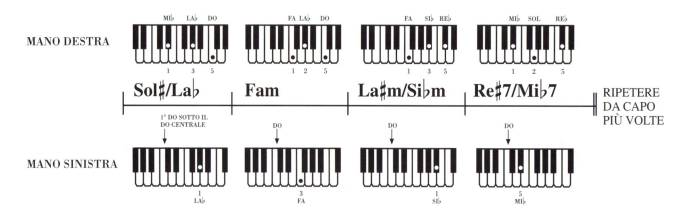

GIRO DI LA♯/SI♭

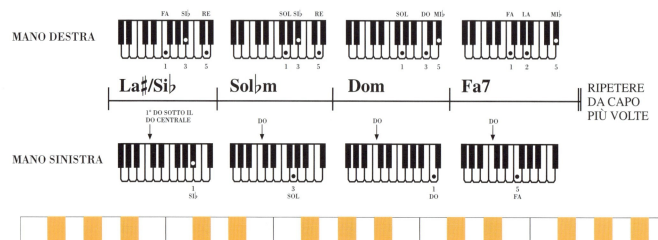

IV parte

MOVIMENTI DEL BASSO

Uso del basso raddoppiato a una ottava

Nota

> Gli esercizi fin qui studiati ci hanno costantemente suggerito l'uso del basso tonale, dove la nota da suonare corrisponde alla prima nota che compone l'accordo (tonica).
> In realtà il basso può essere "utilizzato" in altro modo e suonare note diverse dalla tonica.
> Si otterrà così un diverso effetto sonoro e pur eseguendo lo stesso accordo, sarà possibile ottenere una percezione "acustica" diversa.

IV parte

MOVIMENTI DEL BASSO

Senza proporci in questa sede particolari studi relativi all'utilizzo del basso, è importante comprendere che a volte lo spartito musicale che si legge "impone" nel basso l'uso di una nota diversa dalla tonica.

Tale esigenza viene indicata con una barretta posta sotto la sigla dell'accordo: al di sotto della barretta viene scritta la nota da suonare.

Alternativamente, la nota da suonare nel basso viene indicata dopo una sbarretta sul lato destro dell'accordo (/).

Osserviamo l'esecuzione a confronto con quella fin qui studiata nell'accordo di Do Maggiore.

BASSO NON INDICATO

Accordo indicato con **DO**: la mano destra esegue la triade tonale o di rivolto; la sinistra nel basso la nota Do.

BASSO INDICATO (imposto)

Accordo indicato con $\frac{\mathbf{DO}}{\mathbf{SOL}}$ o **Do/Sol**: la mano destra esegue la triade tonale o di rivolto; ←— (basso) la sinistra nel basso la nota Sol.

USO DEL BASSO RADDOPPIATO A UN'OTTAVA

IV parte

In tutti gli esercizi fin qui studiati il basso (suonato dalla mano sinistra) è sempre corrisposto ad un'unica nota (un tasto):

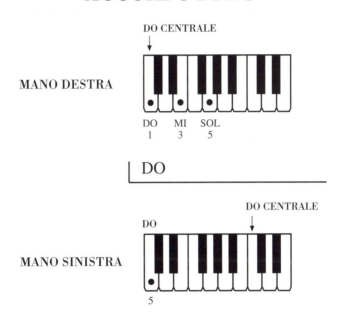

ACCORDO DI DO

In tutti gli accordi il basso può essere raddoppiato (ma suonato contemporaneamente) con la mano sinistra, utilizzando la diteggiatura 1 / 5 (mentre la destra esegue la solita triade tonale o di rivolto):

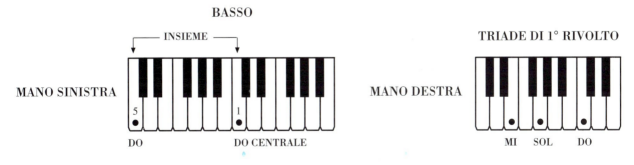

ACCORDO DI DO

Si suggerisce la riesecuzione di tutti gli esercizi relativi i giri armonici con l'uso del basso "raddoppiato".

IV parte

PRONTUARIO DEGLI ACCORDI PRINCIPALI

DO

| Do | Do4 | Do5+ | Do6 | Do7 |
| Do7+ | Dom | Dom6 | Dom7 | Dodim |

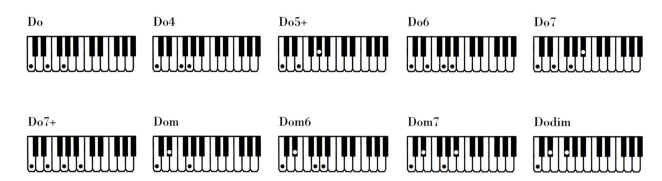

DO♯ / RE♭

| Do♯/Re♭ | Do♯4/Re♭4 | Do♯5+/Re♭5+ | Do♯6/Re♭6 | Do♯7/Re♭7 |
| Do♯7+/Re♭7+ | Do♯m/Re♭m | Do♯m6/Re♭m6 | Do♯m7/Re♭m7 | Do♯dim/Re♭dim |

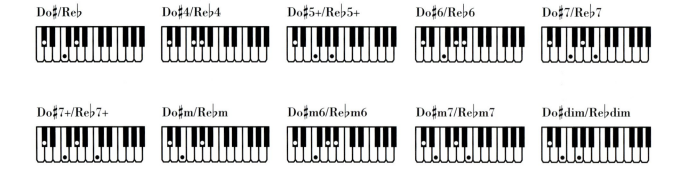

RE

| Re | Re4 | Re5+ | Re6 | Re7 |
| Re7+ | Rem | Rem6 | Rem7 | Redim |

RE♯ / MI♭

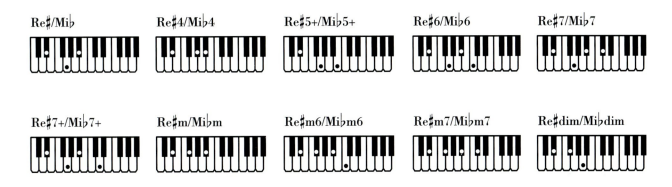

MI

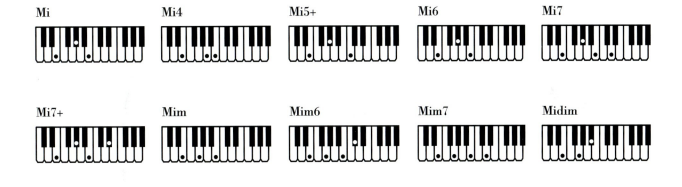

FA

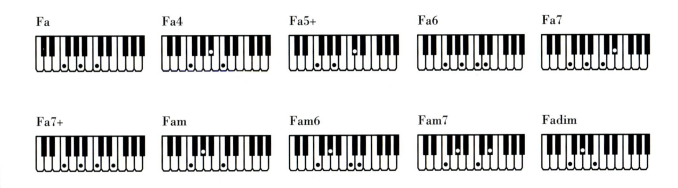

IV parte

FA♯ / SOL♭

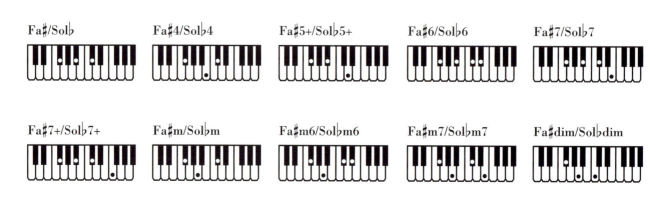

SOL

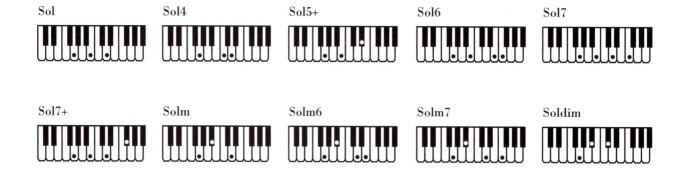

SOL♯ / LA♭

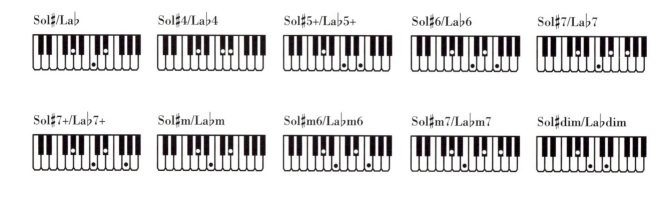

IV parte

LA

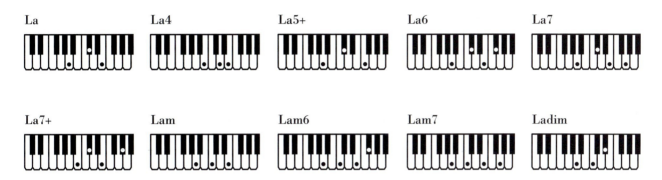

LA♯ / SI♭

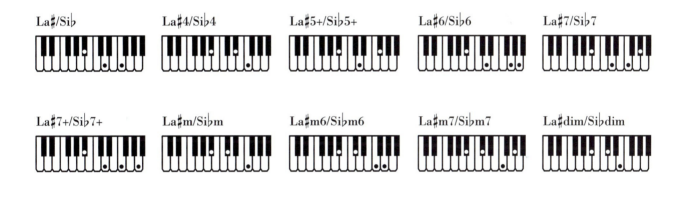

SI

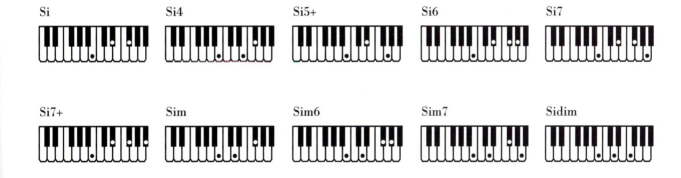